TRANÇAS

TRANÇAS

Mais de 20 alternativas para arrasar em todas as ocasiões

LAURA ARNESEN E MARIE WIVEL

PUBLIFOLHA

Título original: *Fletninger*

Publicado originalmente na Dinamarca em 2015 por People's Press/Art People, Vester Farimagsgade 41, DK-1606, Copenhague V, Dinamarca.

Coordenação do projeto: Publifolha
Editora-assistente: Naira Gomes dos Santos
Coordenadora de produção gráfica: Mariana Metidieri
Produtora gráfica: Samantha R. Monteiro

Produção editorial: AA Studio
Coordenação: Ana Luisa Astiz
Tradução: Bia Pappone
Preparação: Thais Rimkus
Edição: Ana Luisa Astiz
Revisão: Juliana Caldas e Sueli Mazze
Editoração eletrônica: Marcio Soares

Edição original: People's Press
Projeto gráfico: Rasmus Funder
Fotografia: Marie Moesgaard Wivel e Laura Kristine Arnesen

Dados Internacionais de Catalogação na Publicação (CIP)
(Câmara Brasileira do Livro, SP, Brasil)

Wivel, Marie Moesgaard
Tranças : mais de 20 alternativas para arrasar em todas as ocasiões / Marie Moesgaard Wivel, Laura Kristine Arnesen ; [tradução Bia Pappone]. – São Paulo : Publifolha, 2015.

Título original: Fletninger.
ISBN 978-85-7914-584-1

1. Penteados 2. Tranças (Penteados) I. Arnesen, Laura Kristine. II. Título.

15-08163 CDD-646.724

Índices para catálogo sistemático:
Tranças : Penteados : Cabelos : Cuidados pessoais 646.724

Este livro segue as regras do Acordo Ortográfico da Língua Portuguesa (1990), em vigor desde 1º de janeiro de 2009.

Impresso na Corprint, Brasil.

PUBLIFOLHA
Divisão de Publicações do Grupo Folha
Al. Barão de Limeira, 401, 6º andar
CEP 01202-900, São Paulo, SP
Tels.: (11) 3224-2186/2187/2197
www.publifolha.com.br

SUMÁRIO

APRESENTAÇÃO

Desde que nos entendemos por gente, amamos tranças. Somos amigas desde o jardim de infância e, já nos primeiros anos da escola, trançávamos o cabelo uma da outra sempre que podíamos. Naquela época, nós e outras amigas fazíamos isso como um passatempo. Hoje as tranças são nossa paixão.

Tudo começou em abril de 2013, durante uma greve nacional das escolas da Dinamarca. Entediadas, achamos que seria divertido experimentar algumas técnicas novas de trançar o cabelo. Buscamos na internet inspiração para penteados diferentes e logo nos apaixonamos. Decidimos criar um perfil no Instagram – uma plataforma em que poderíamos mostrar nossas ideias e os resultados a seguidores. Não esperávamos que tanta gente compartilhasse de nosso interesse e logo estabelecemos uma rede social com pessoas do mundo todo.

A arte de fazer tranças vem sendo transmitida de geração em geração há séculos, e temos certeza de que pessoas de todas as culturas acham que essa é uma forma agradável de passar o tempo com a mãe, avó ou uma amiga.

Outro aspecto positivo dessa atividade é que todo mundo pode participar e aprender. Não custa nada ter uma bela trança. Hoje existe muita ênfase em bolsas e acessórios caros e coisas "de marca", mas tudo de que se precisa para fazer uma trança é paciência e uma pitada de força de vontade. A sensação de sair de casa com um penteado diferente é muito especial.

O melhor de ter um perfil no Instagram é estar em contato com pessoas de todas as idades ao redor do mundo e inspirá-las a experimentar técnicas

e penteados. Temos recebido uma quantidade incrível de retornos e elogios de gente de países e culturas diversos.

Com este livro, esperamos inspirar você a testar alguns de nossos penteados favoritos e, quem sabe, vivenciar os mesmos momentos maravilhosos que fazer tranças tem nos proporcionado. Experimente!

Com carinho,

Laura e Marie

DICAS

Uma das vantagens em fazer tranças é que você pode mexer no cabelo do jeito que estiver. Não há pré-requisito, ainda que seja mais fácil se você escová-lo cuidadosamente antes de começar. Assim, evitará pequenos nós e emaranhados que viriam a atrapalhar.

Você pode trançar tanto o cabelo recém-lavado quanto o que está há alguns dias sem xampu. Talvez até seja vantagem ele não estar recém-lavado quando se faz um coque, pois o penteado fica no lugar com mais facilidade e os fios são mais moldáveis.

Quando você estiver aprendendo a fazer tranças, uma boa dica é ter alguém em quem treinar. Embora muitas vezes seja mais fácil trançar nos outros, não é nada impossível fazê-lo na própria cabeça e muitos dos penteados deste livro permitem isso. Se está começando, recomendamos que trance o cabelo dos outros, mas, se gosta de desafios, sem dúvida deve tentar por conta própria.

ACESSÓRIOS

Além de uma escova de cabelo, você precisará dos seguintes acessórios e produtos, que são essenciais para fazer tranças:

1. **Elásticos comuns** prendem rabos de cavalo e finalizam tranças. Eles podem ser de cores e tamanhos variados, mas sugerimos que você utilize os que mais se aproximem da cor de seu cabelo.

2. **Elásticos pequenos** e transparentes são os que mais usamos. Eles finalizam o penteado de maneira elegante e dão a ilusão de que o trançado termina sozinho. Você também pode usar pequenos elásticos coloridos, especialmente se as tranças ficarem soltas ou se for enfeitá-las com outros acessórios.

3. **Grampos** fixam o cabelo ao couro cabeludo. Mais uma vez, recomendamos que você compre aqueles que correspondam à cor de seu cabelo, porque ficam mais discretos.

4. **Pente** serve para separar/dividir e desfiar o cabelo. Para um resultado mais preciso, tenha um com ponta de metal fina.

1

2

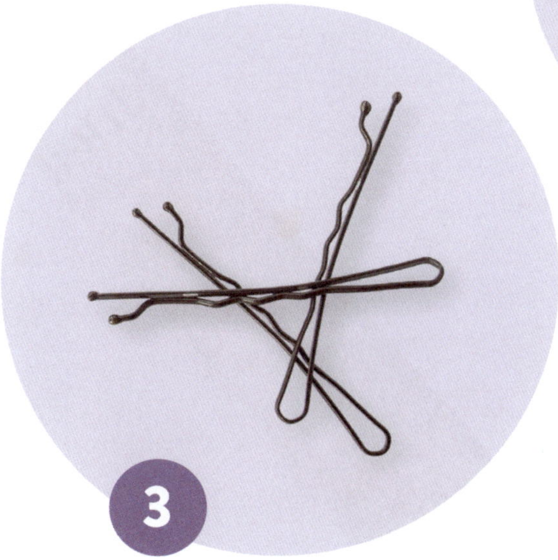
3

4

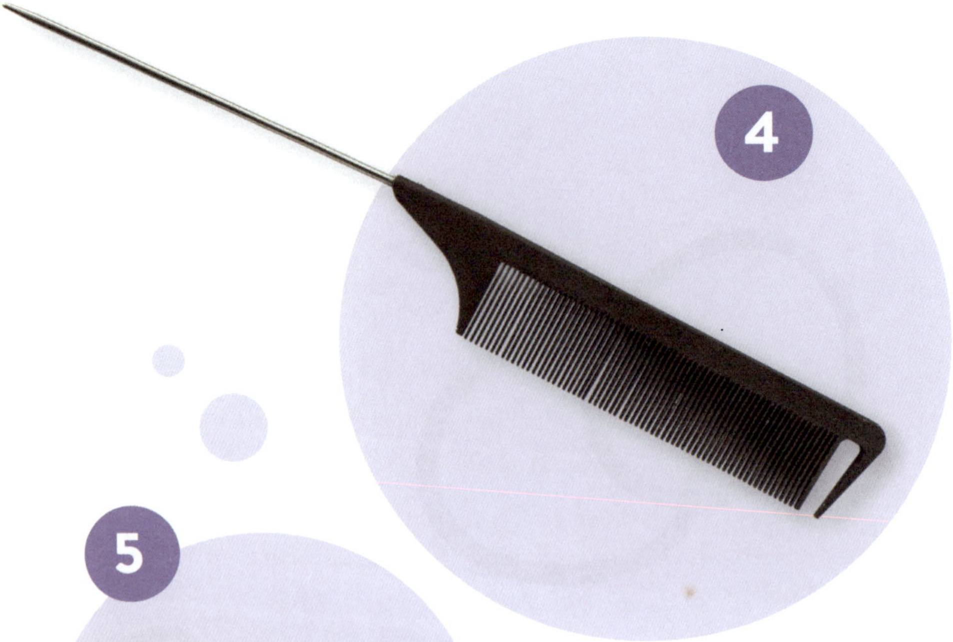

5

6

5 **Rosca de meia** é útil para fazer coques grandes e bonitos. Ela dá a ilusão de um cabelo mais volumoso. Pode ser encontrada em diferentes tamanhos e cores, mas compre a que se aproxima mais da cor de seu cabelo.

DICA: a rosca de meia é fácil de fazer. É só cortar a ponta de uma meia (onde ficariam os dedos) e enrolá-la ao longo do comprimento até obter a forma de uma rosca torcida.

6 **Spray fixador** finaliza o penteado. É especialmente importante para assegurar que seu cabelo fique perfeito a noite toda.

7 **Óleo de argan** é ótimo para suavizar a textura e ajeitar fios arrepiados. Passe só um pouquinho no cabelo quase seco.

TRANÇAS *clássicas*

Neste capítulo, você vai aprender como fazer cinco tranças clássicas e básicas. Elas são utilizadas em vários penteados. Por isso, é melhor dominá-las antes de tentar versões mais avançadas.

Quando tiver aprendido as cinco, já terá bastante conhecimento da arte de trançar. Embora muitos penteados pareçam complicados, não há com o que se preocupar, pois quase todos são variações dessas cinco tranças básicas.

TRANÇA *francesa*

Vale a pena aprender a fazer essa trança muito bem. Você pode usá-la em qualquer ocasião – e ela nunca sai de moda. A técnica da Trança francesa é usada em vários penteados e, quando você souber fazê-la, poderá criar bonitas variações.

NÍVEL · **FÁCIL**
MATERIAL · **1 ELÁSTICO PEQUENO**
TEMPO · **5 MINUTOS**

1

2

3

4

5

6

7

8

9

Passo a passo

1 Separe a parte de cima do cabelo.
2 Divida-a em três mechas iguais.
3 Cruze a mecha da direita sobre a do meio.
4 Cruze a mecha da esquerda sobre a do meio.
5 Pegue uma nova mecha do lado direito da cabeça.
6 Incorpore-a à mecha da direita e cruze-as juntas sobre a mecha do meio.
7 Repita o procedimento dos passos 5 e 6 no lado esquerdo.
8 Continue até que todo o cabelo esteja incorporado à trança. Quando chegar à altura da nuca, trance o cabelo normalmente até o final.
9 Prenda com um elástico pequeno.

Tutorial:

TRANÇA *holandesa*

Talvez você nunca tenha visto essa trança antes. A técnica é similar à da Trança francesa, mas com a diferença de que aqui ela fica "sobre a cabeça" em vez de ser embutida no cabelo.

NÍVEL · **FÁCIL**
MATERIAL · **1 ELÁSTICO PEQUENO**
TEMPO · **5 MINUTOS**

1

2

3

4

5

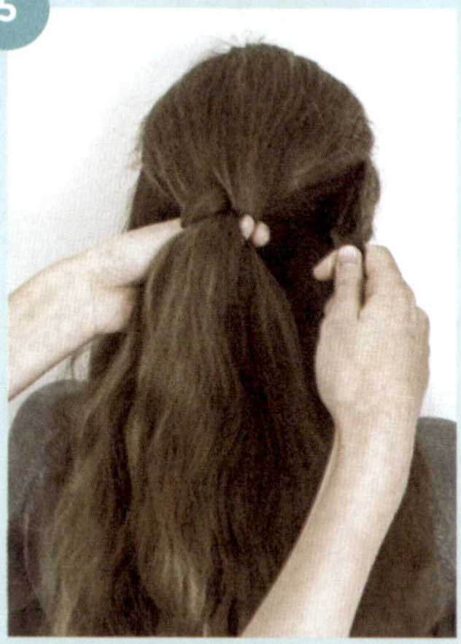

6

7

8

9

Passo a passo

1 Separe a parte de cima do cabelo.
2 Divida-a em três mechas iguais.
3 Cruze a mecha da direita por baixo da do meio; não por cima, como na Trança francesa.
4 Cruze a mecha da esquerda por baixo da mecha da direita.
5 Pegue uma nova mecha do lado direito da cabeça.
6 Incorpore-a à mecha da direita e cruze-as juntas por baixo da do meio.
7 Repita o procedimento dos passos 5 e 6 no lado esquerdo.
8 Continue até que todo o cabelo esteja incorporado à trança. Termine com uma trança normal, ainda cruzando por baixo da mecha do meio.
9 Prenda com um elástico pequeno.

Tutorial:

DICA

Quando terminar, puxe os gomos da trança para que ela pareça maior. Faça isso toda vez que criar uma Trança holandesa, pois deixa o penteado mais bonito e encorpado.

TRANÇA *espinha de peixe*

Ela é a variação perfeita para quem quer um visual mais maduro. É muito mais fácil do que parece e o resultado é incrível!

Uma vantagem é que a espinha de peixe fica bem tanto solta, nas costas, quanto em uma trança lateral.

NÍVEL · **FÁCIL**
MATERIAL · **1 ELÁSTICO PEQUENO**
TEMPO · **5-7 MINUTOS**

1

2

3

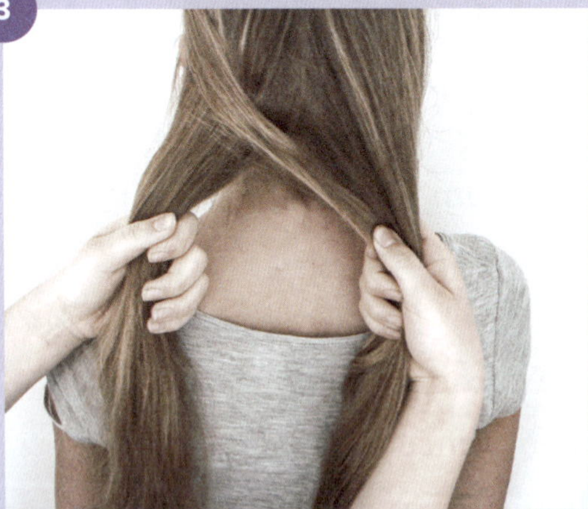

4

5

6

Passo a passo

1 Divida o cabelo em duas partes iguais, fazendo uma risca no meio. Gostamos de trançar descendo pelas costas, mas você também pode fazer a Trança espinha de peixe na lateral. Para isso, junte os fios sobre um dos ombros e, em seguida, trance descendo nessa direção.
2 Pegue uma pequena mecha da borda do lado esquerdo.
3 Cruze-a para a direita juntando com a mecha da direita.
4 Pegue uma pequena mecha da borda do lado direito e cruze-a para a esquerda. Junte-a com a mecha da esquerda.
5 Repita os passos 2 a 4 até o final.
6 Prenda com um elástico pequeno.

Tutorial:

A Trança espinha de peixe sempre faz sucesso no tapete vermelho. Celebridades como Blake Lively, Rihanna e Kim Kardashian já foram vistas com esse tipo de penteado.

DICAS

Se achar que a trança está muito pequena, puxe os gomos. A aparência fica mais desalinhada, porém delicada.

Se estiver com pressa, você pode usar mechas mais grossas. Isso vai poupar um tempo enorme e criar um visual diferente.

CORDA *torcida*

Nós amamos esse penteado, porque é muito simples e ao mesmo tempo bastante especial. Uma vez aprendida a técnica, é mais fácil do que fazer uma trança normal.

A Corda torcida ainda não é muito popular, mas isso não é motivo para que você deixe de aprendê-la. Essa trança também fica ótima no rabo de cavalo. Você começa com um rabo alto normal e, em seguida, faz a trança a partir do elástico até o final do cabelo.

NÍVEL · **FÁCIL**
MATERIAL · **1 ELÁSTICO PEQUENO**
TEMPO · **5 MINUTOS**

1

2

3

4

5

6

Passo a passo

1 Separe a parte superior do cabelo (você também pode fazê-la em um rabo de cavalo ou a partir da nuca).
2 Divida-a em duas mechas iguais.
3 Torça ambas no mesmo sentido – achamos mais fácil torcê-las em sentido horário, para a direita.
4 Cruze as mechas torcendo para a esquerda ou, em outras palavras, a mecha direita sobre a esquerda no sentido anti-horário.
5 Continue a torcer ambas as mechas até chegar ao final do cabelo.
6 Prenda com um elástico pequeno.

Tutorial:

DICA
É muito importante que você torça as mechas na direção certa; caso contrário, a trança fica frouxa.

TRANÇA *rendada*

O diferencial aqui é que você pega cabelo de um só lado da cabeça, e não de ambos. Essa trança é incrível porque você pode fazer muitas variações, como a técnica da Trança holandesa ou a da francesa.

NÍVEL · **FÁCIL**
MATERIAL · **1 ELÁSTICO PEQUENO**
TEMPO · **5 MINUTOS**

1

2

3

4

5

6

7

Passo a passo

1 Separe uma pequena mecha de cabelo de um lado da cabeça, perto do rosto.
2 Divida a mecha em três partes iguais e segure-as na horizontal (a trança não vai ser feita para baixo, mas na lateral da cabeça).
3 Cruze a parte superior sobre a do meio e, em seguida, a parte inferior sobre a do meio.
4 Pegue uma mecha perto da risca, incorpore-a à parte superior e cruze-a sobre a do meio.
5 Agora, cruze a parte inferior sobre a do meio, sem incorporar novas mechas.
6 Repita os passos 4 e 5 até alcançar o comprimento desejado.
7 Trance o restante do cabelo normalmente, sem incorporar mais mechas. Prenda com um elástico pequeno.

Tutorial:

DICA

Se quiser fazer a versão holandesa da Trança rendada, é só cruzar as mechas por baixo em vez de por cima.

QUANDO ESTIVER CRAQUE

Você pode fazer muitos penteados com base nas tranças clássicas.

Divida o cabelo em três partes iguais e faça uma Trança espinha de peixe em cada uma. Trance as três espinhas de peixe juntas, como uma trança normal.

ESPINHA DE PEIXE

CORDA TORCIDA

FRANCESA

FRANCESA

Incline a cabeça para a frente, faça uma Trança francesa a partir da nuca e junte o cabelo em um rabo de cavalo alto.

HOLANDESA

◀

Faça uma Trança holandesa em um lado da cabeça. Puxe os gomos dela para fazê-la parecer mais cheia.

RENDADA

FRANCESA

HOLANDESA

OUTROS *estilos*

Neste capítulo, vamos ensinar a fazer os dez estilos de que mais gostamos. Os penteados variam muito em dificuldade e aparência, com tranças para todos os gostos.

Alguns são muito fáceis, mas outros são desafiadores, pois exigem técnicas novas e incomuns de trançado. Esteja você procurando um penteado simples para o dia a dia ou uma trança estilosa e diferente, certamente vai encontrar uma sugestão nas páginas a seguir.

TRANÇA *cascata*

Essa é uma de nossas favoritas. Parece muito simples, mas chama a atenção e deixa as pessoas intrigadas.

Apesar de essa trança ser bastante difícil e exigir alguma habilidade técnica, não desista – o resultado vale a pena.

NÍVEL · **MÉDIO**
MATERIAL · **GRAMPOS**
TEMPO · **5-7 MINUTOS**

1

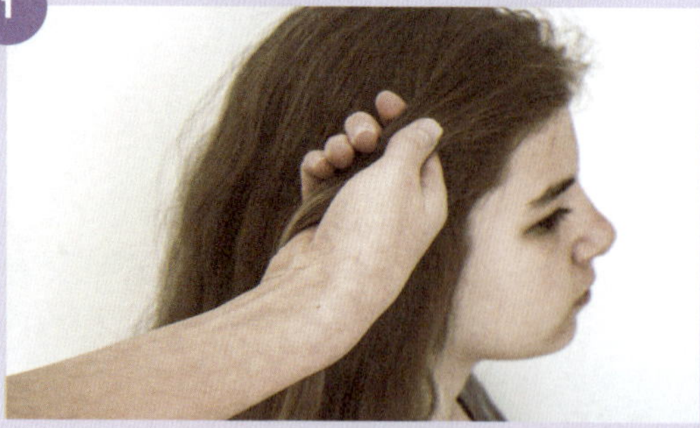

2

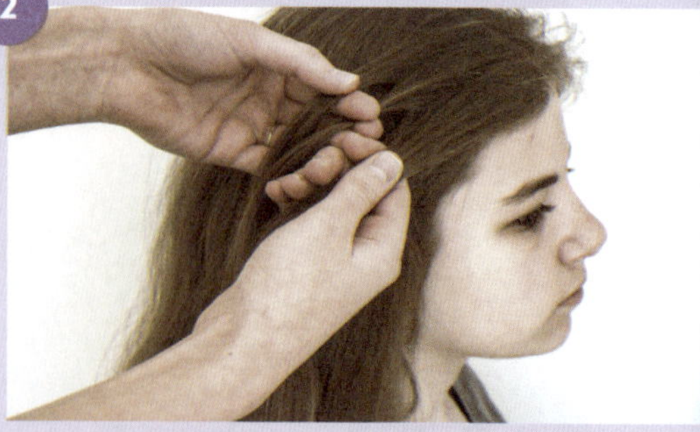

3

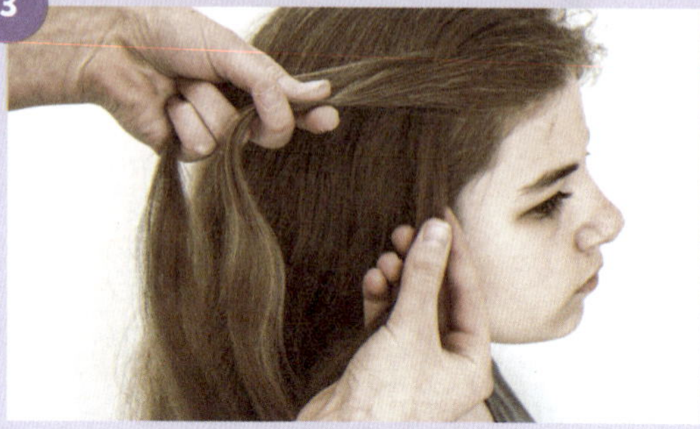

4

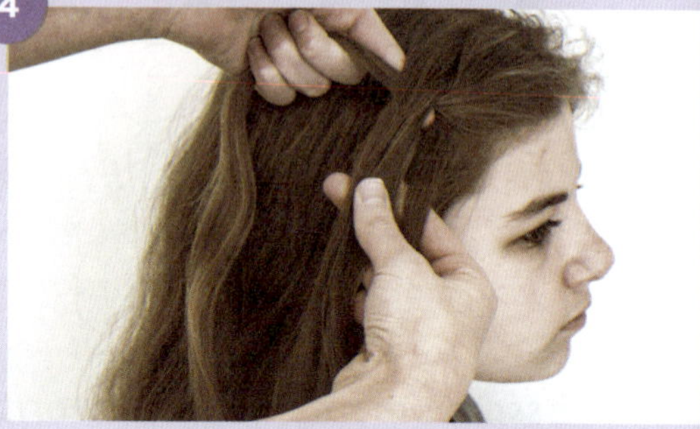

5

6

7

8

Passo a passo

1. Separe uma pequena parte do cabelo de um lado da cabeça, perto do rosto.
2. Divida essa parte em três mechas iguais e segure-as na horizontal (a trança não vai ser feita para baixo, mas ao redor da cabeça, terminando na orelha do outro lado).
3. Cruze a mecha superior sobre a do meio e, em seguida, a mecha inferior sobre a do meio.
4. Pegue uma pequena mecha a partir do topo da cabeça, incorpore-a à mecha superior e cruze-a sobre a do meio.
5. Peça à pessoa em quem você está fazendo a trança para segurar a parte inferior (caso esteja trançando o próprio cabelo, prenda com a boca).
6. Pegue uma nova mecha pequena bem ao lado da que você acabou de soltar.
7. Cruze essa nova mecha sobre a do meio.
8. Repita os passos de 4 a 7 em torno da cabeça e prenda o trançado com grampos.

TIARA *holandesa ou francesa*

Adoramos esse penteado e garantimos que você receberá milhares de elogios! Ele é ótimo para cabelos curtos, especialmente se você está deixando a franja crescer.

A Tiara trançada é nossa trança predileta para os estudos – não leva muito tempo para fazer nem deixa o cabelo caindo no rosto.

NÍVEL · **MÉDIO**
MATERIAL · **1 PENTE E 1 ELÁSTICO PEQUENO**
TEMPO · **5-8 MINUTOS**

1

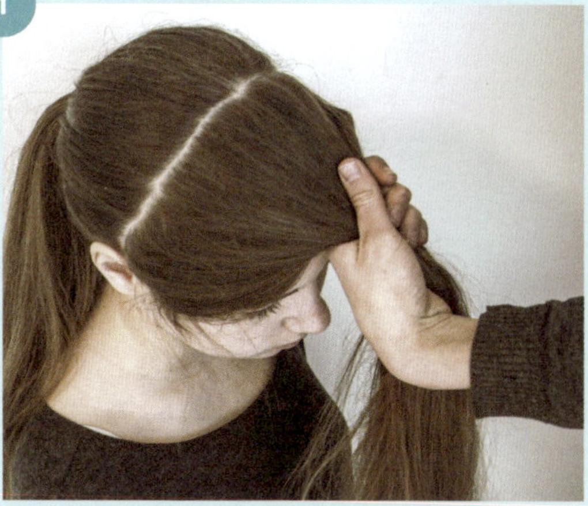

2

3

4

5

6

Passo a passo

1 Comece separando uma grande parte de cabelo de uma orelha a outra (para uma divisão mais precisa, use um pente). Faça um rabo de cavalo com o restante do cabelo.
2 Separe uma mecha pequena acima da orelha direita e faça uma Trança francesa ou holandesa (pp. 19 e 23). Gostamos da versão holandesa porque valoriza o efeito "tiara".
3 Quando chegar à outra orelha e não tiver mais cabelo para incorporar, basta prosseguir com uma trança normal.
4 Prenda com um elástico pequeno.
5 Solte o cabelo que estava preso no rabo de cavalo, pegue a ponta da trança e prenda-a com grampos por baixo do restante do cabelo, de modo que fique escondida.
6 Puxe os gomos da trança para encorpá-la.

A Tiara trançada é muito popular entre as celebridades; Jennifer Aniston, por exemplo, adora usá-la.

DICA

Você pode finalizar esse visual de muitas maneiras, como em um rabo de cavalo. Gostamos de esconder o final da trança, prendendo-o abaixo da cabeça e deixando o restante do cabelo solto.

TRANÇA *de cinco mechas*

Nessa trança, você usará cinco mechas em vez de três. No início, pode ser difícil manter o controle das cinco partes, mas, quando você aprender, valerá a pena.

A Trança de cinco mechas parece mais complicada do que é. Faça e com certeza você vai arrasar!

NÍVEL · **DIFÍCIL**
MATERIAL · **1 ELÁSTICO PEQUENO**
TEMPO · **5-7 MINUTOS**

1

2

3

4

5

6

7

8

Passo a passo

1 Divida o cabelo em duas partes. Uma delas tem de ser um pouco maior do que a outra.
2 Peça à pessoa em quem você está fazendo a trança para segurar a parte menor enquanto você divide a maior em três mechas iguais.
3 Trabalhe agora na parte maior. Cruze a mecha da esquerda sobre a do meio.
4 Cruze a mecha da direita sobre a do meio.
5 Pegue a parte que a pessoa está segurando e divida-a em duas mechas iguais. Então, junte a elas a mecha da parte da esquerda que estiver mais próxima para ter três mechas para trabalhar no lado direito. Peça à pessoa para segurar as duas outras mechas do lado esquerdo.
6 Leve a mecha de fora para a direita e cruze-a sobre a do meio.
7 Cruze a mecha da esquerda sobre o meio. Pegue as duas mechas que a pessoa está segurando e junte com uma do lado direito, de modo a ter três partes para trabalhar de novo no lado esquerdo.
8 Repita os passos de 3 a 7 até chegar ao final do cabelo e prenda com um elástico.

DICA

Se tiver dificuldade em manter o controle das cinco mechas, prenda cada uma com pequenos elásticos enquanto trabalha.

CASCATA *torcida*

Se você tem dificuldade em fazer a Trança cascata, tente essa versão torcida, que é superbonita e bem mais simples. Elas diferem muito uma da outra – por exemplo, você usa duas mechas em vez de três, o que facilita bastante. E, ainda que essa seja mais simples, o belo efeito cascata permanece.

NÍVEL · **FÁCIL**
MATERIAL · **1 ELÁSTICO PEQUENO OU GRAMPOS**
TEMPO · **5 MINUTOS**

1

2

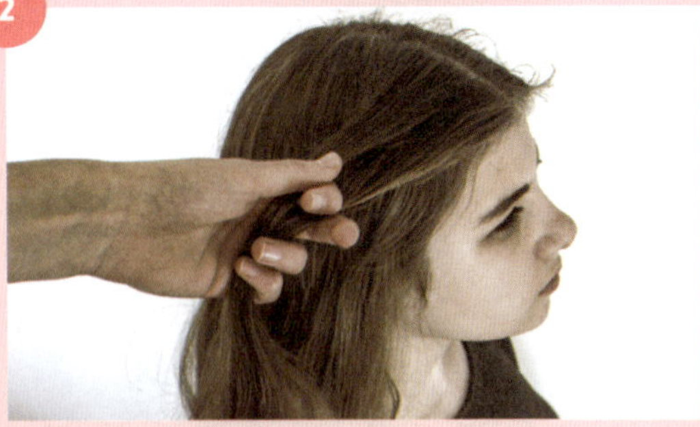

3

4

5

6

7

Passo a passo

1. Separe uma grande parte de cabelo de um dos lados da cabeça, perto do rosto.
2. Divida essa parte em duas mechas iguais e segure-as na horizontal, como você faz na Trança cascata normal.
3. Cruze a mecha inferior sobre a superior para que elas troquem de lugar.
4. Pegue uma pequena mecha perto da risca e deixe-a cair sobre as outras duas.
5. Peça à pessoa em quem você está fazendo a trança para segurar essa terceira mecha. Cruze a mecha inferior por cima novamente a fim de que a terceira mecha fique "presa" entre as outras duas.
6. Repita os passos 4 e 5 até que você tenha trançado toda a volta da cabeça.
7. Prenda cruzando dois grampos.

DICA

Como você está usando as mesmas duas mechas o tempo todo, pegue uma mecha grossa e longa no início para garantir que não faltará cabelo.

DICA

Você também pode fazer a trança em um só lado da cabeça para um penteado lateral.

TRANÇA *Katniss*

Se você é fã de Jogos Vorazes, conhece essa trança. É a marca registrada da personagem Katniss nos filmes. Essa variação é linda atrás e termina em uma bonita trança lateral.

NÍVEL · **MÉDIO**
MATERIAL · **1 ELÁSTICO PEQUENO**
TEMPO · **5-7 MINUTOS**

1

2

3

4

5

Passo a passo

1. Pegue uma parte do cabelo acima da orelha direita (varia de pessoa para pessoa começar a trança pelo lado esquerdo ou pelo direito, mas nós achamos mais fácil começar pelo direito).
2. Divida essa parte em três mechas iguais e comece uma Trança holandesa (p. 23).
3. É importante ter em mente que essa trança precisa acabar sob a orelha do outro lado da cabeça. Para isso, você tem que trançar na diagonal.
4. Quando tiver alcançado o outro lado da cabeça e não houver mais cabelo para incorporar, basta prosseguir com uma trança normal, cruzando as mechas entre si.
5. Ao final, prenda com um elástico e puxe um pouco os gomos para que ela pareça maior.

DICA

Se quiser criar um ondulado como o de Katniss, você pode enrolar o cabelo antes de trançá-lo e puxar alguns fios da testa.

TRANÇA *infinita*

Esse penteado é superlegal e definitivamente um de nossos prediletos! Ele é chamado de Trança infinita ou "do oito", porque você molda no formato desse número. Ele segura o cabelo com firmeza em uma pequena trança – essa é uma das coisas que o torna divertido e diferente.

NÍVEL · **MÉDIO**
MATERIAL · **1 ELÁSTICO PEQUENO**
TEMPO · **10-15 MINUTOS**

1

2

3

4

5

6

Passo a passo

1. Divida o cabelo em duas partes iguais (você pode fazer essa trança em um rabo de cavalo ou com o cabelo solto; a escolha é sua).
2. Pegue uma mecha do lado esquerdo.
3. Cruze-a por cima da parte esquerda e por baixo da direita.
4. Leve a mesma mecha por cima da parte direita e por baixo da esquerda. Você já completou o formato do número 8.
5. Continue fazendo o movimento do número 8 até que não tenha mais cabelo para passar em torno das duas partes. Quando isso acontecer, pegue outra mecha de uma das partes e incorpore-a à que você está passando por cima e por baixo. Lembre-se de incorporar mechas alternando entre parte esquerda e direita; caso contrário, uma ficará maior do que a outra.
6. Continue até chegar ao final do cabelo e prenda com um elástico pequeno na ponta.

NÓ *pretzel*

Esse penteado tem origem em um nó de escoteiro. É muito elegante e perfeito se você quiser usar o cabelo solto sem cair no rosto.

Outra maravilha desse trançado singelo e gracioso é que você não precisa de grampos nem de elásticos.

NÍVEL · **DIFÍCIL**
MATERIAL · **GRAMPOS (OPCIONAL)**
TEMPO · **5 MINUTOS**

1

2

3

4

5

6

7

8

9

Passo a passo

1 Separe duas mechas logo acima de cada orelha. É importante que sejam longas e não muito grossas. Peça à pessoa em quem você está fazendo o penteado para segurar a mecha da direita enquanto você trabalha a da esquerda. Se quiser, pode fazer um rabo de cavalo com o restante do cabelo para não atrapalhar.
2 Faça uma alça com a mecha esquerda. É importante que fique exatamente como mostra a foto.
3 Pegue a mecha direita, prenda-a entre dois dedos, como na foto, e passe-a sobre a mão enquanto ainda segura a alça anterior.
4 Enfie dois dedos da mão direita por baixo da mecha do lado esquerdo.
5 Pegue a mecha que se encontra na mão esquerda e puxe-a para cima.
6 Coloque a mecha sobre a alça, como mostra a foto.
7 Enfie a mecha dentro da alça.
8 Passe-a por baixo do começo da mecha direita.
9 Puxe-a para fora da alça e aperte mais o nó se achar que ficou um pouco frouxo.

DICA

Para ter certeza de que o nó ficará firme durante todo o dia, você pode prender com um grampo – nesse caso, esconda-o o máximo que puder.

COROA *holandesa*

Essa coroa é um de nossos penteados favoritos. Fica bem em todo mundo e é superdelicada. As pessoas se perguntam como é feita, uma vez que é quase impossível descobrir onde a trança começa e termina.

NÍVEL · **MÉDIO**
MATERIAL · **1 ELÁSTICO PEQUENO E GRAMPOS**
TEMPO · **10-15 MINUTOS**

1

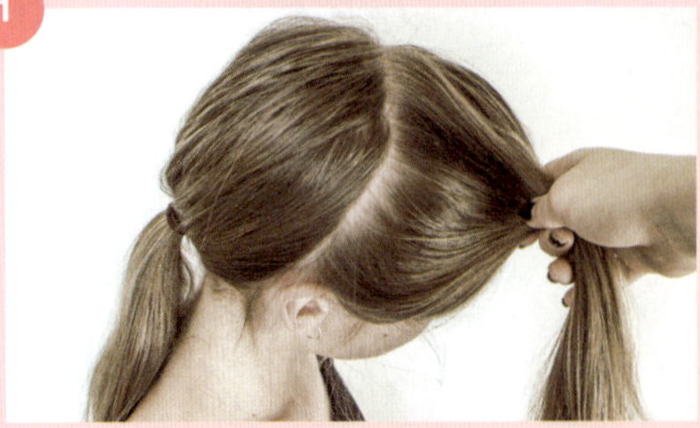

2

3

4

5

6

7

DICA

Passo a passo

1 Divida o cabelo de uma orelha à outra, como na Tiara holandesa ou francesa (p. 47), e prenda a parte de baixo do cabelo com um elástico.

2 Comece uma Trança holandesa (p. 47) logo acima de uma das orelhas e continue até chegar à outra orelha.

3 Retire o elástico e continue a Trança holandesa em torno da parte de trás da cabeça.

4 Trance até chegar à orelha em que começou ou até que não haja mais cabelo para incorporar. Lembre-se: esse penteado deve ser redondo como uma coroa; então, mantenha a trança o mais baixa possível.

5 Quando tiver incorporado todo o cabelo, faça uma trança simples com o restante e prenda com um elástico.

6 Posicione a trança próxima à tiara que você fez antes e prenda-a com grampos, escondendo-os bem.

7 Para cobrir a ponta da trança, enfie-a por baixo da primeira trança e fixe-a com grampos.

DICA

Puxe os gomos da trança para que pareça maior. Adoramos fazer isso nesse penteado, porque o deixa realmente lindo – e faz o cabelo ficar mais volumoso.

TRANÇA *macramê*

Essa variação é muito diferente e bela, mas talvez você nunca a tenha visto. Achamos esse penteado realmente bonito, além de ser muito prático e perfeito para estudar, pois o cabelo não fica caindo no rosto.

NÍVEL · **MÉDIO**
MATERIAL · **1 ELÁSTICO PEQUENO**
TEMPO · **5-7 MINUTOS**

1

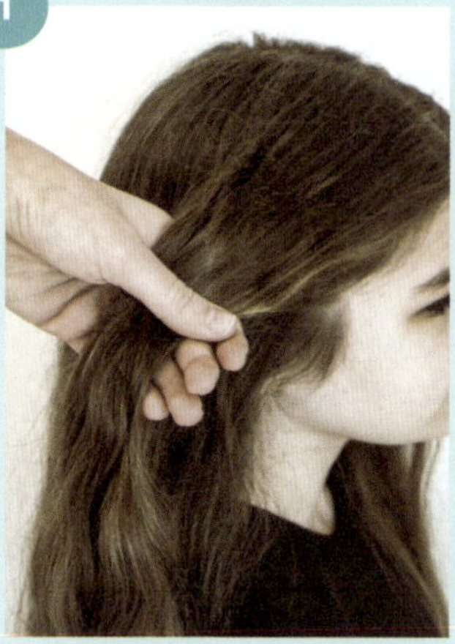

2

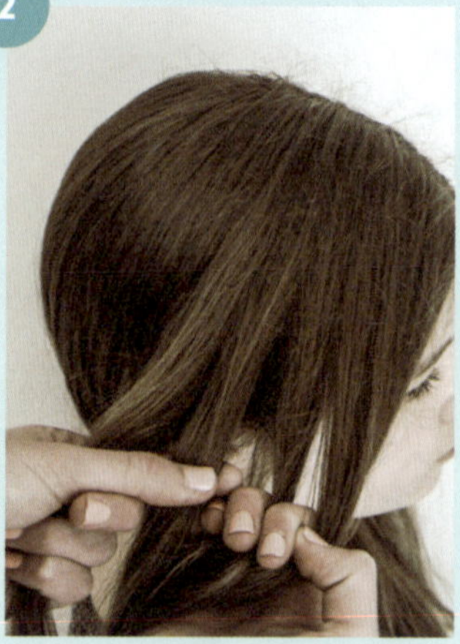

3

4

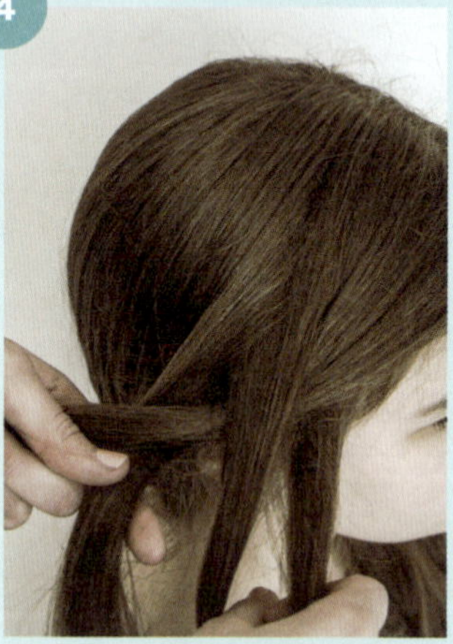

5

6

7

8

9

Passo a passo

1. Pegue uma grande mecha acima da orelha direita, como mostra a foto, e segure-a na horizontal.
2. Divida-a em quatro mechas iguais.
3. Cruze a primeira mecha mais à direita sobre a segunda, do lado.
4. Em seguida, cruze a mesma mecha por baixo da próxima e depois por cima da mecha seguinte, a da extremidade esquerda.
5. Cruze as duas mechas do meio para que troquem de lugar. A de baixo deve passar por cima da outra, não o contrário. Repita os passos de 3 a 5 por todo o comprimento.
6. Segure as quatro mechas para que você possa vê-las claramente. Encontre a segunda mecha a partir da esquerda e segure-a.
7. Junte as três outras mechas com a outra mão e deslize a trança para cima, como mostra a foto.
8. Alargue a trança pelos gomos até conseguir a aparência desejada.
9. Repita o procedimento com uma mecha do outro lado da cabeça. Por fim, junte as duas tranças no meio com um elástico.

DICA

É importante que você não aperte muito enquanto trança; senão, não conseguirá deslizá-la para cima.

TRANÇA *de rosa*

Esse é um modelo bem elegante e simples que você pode usar em qualquer ocasião. A Trança de rosa é perfeita para o verão, e adoramos fazê-la para ir à praia.

Outra vantagem é que toma apenas 5 minutos e é muito fácil – se você consegue fazer uma trança normal, também será capaz de executá-la sem problemas.

NÍVEL · **FÁCIL**
MATERIAL · **1 ELÁSTICO PEQUENO E 2 GRAMPOS**
TEMPO · **5 MINUTOS**

1

2

3

4

5

6

Passo a passo

1 Separe a parte superior do cabelo.
2 Divida-a em três partes iguais, faça uma trança normal e prenda-a com um elástico na ponta.
3 Puxe suavemente os gomos de somente um dos lados da trança. Isso fará com que, ao final, ela pareça uma flor.
4 Enrole a trança em torno dela mesma, como na foto.
5 Prenda a flor na cabeça com grampos.
6 Esconda a ponta da trança sob a flor e fixe-a com grampos.

QUER NAMORAR COMIGO?

Escolha um desses penteados para usar em uma ocasião especial.

Em uma mecha grande acima da orelha direita, faça uma trança normal. Repita do outro lado da cabeça. Disponha as tranças em torno da cabeça e prenda-as com grampos.

Faça três Tiaras holandesas próximas uma da outra (p. 47) e esconda as pontas entre as "tiaras". Fixe-as na cabeça com grampos.

▲ Separe a parte superior do cabelo e prenda com um elástico. Enfie dois dedos nos fios, logo acima do elástico, criando um buraco; pegue o meio do "rabo de cavalo" e puxe-o para cima. Divida-o em duas partes iguais, trance-as e junte-as um pouco mais abaixo na cabeça, formando um coração.

PENTEADOS *de festa*

Neste capítulo, você aprenderá cinco penteados lindos que são adequados para festas ou outras ocasiões especiais. Se você está procurando inspiração para uma formatura, um casamento ou algo estiloso para aniversários e outras comemorações, vai encontrar aqui.

Adoramos esses cinco estilos, porque cada um tem sua singularidade e beleza e, com um pouco de prática, todo mundo pode fazê-los. Se você quiser incrementar qualquer uma das sugestões, é só decorar com pérolas, flores, fitas ou acessórios de cabelo.

COQUE *com acabamento trançado*

Adoramos esse lindo coque perfeito para casamentos ou formaturas. Outra vantagem desse penteado é que o cabelo não fica caindo no rosto. Portanto, é ideal também para praticar dança ou esportes.

NÍVEL · **DIFÍCIL**
MATERIAL · **1 ELÁSTICO GRANDE E 1 PEQUENO, 1 ROSCA DE MEIA E 2 GRAMPOS**
TEMPO · **10-15 MINUTOS**

1

2

3

4

5

6

7

8

9

Passo a passo

1 Faça um rabo de cavalo alto.
2 Retire uma pequena mecha e peça à pessoa em quem você está fazendo o penteado para segurá-la.
3 Passe o rabo de cavalo pelo centro de uma rosca de meia e espalhe o cabelo uniformemente sobre o acessório. A mecha que você separou antes precisa ficar de fora.
4 Pegue essa mecha pequena e segure-a na horizontal.
5 Comece uma Trança rendada holandesa (p. 35) com a mecha pequena. Você só vai incorporar cabelo da parte de cima (o cabelo que sai do meio da rosca).
6 Faça uma Trança rendada em torno do acessório. Lembre-se de trançar o mais perto possível dele.
7 Quando você alcançar o ponto em que começou a trançar e não tiver mais cabelo para incorporar, continue, fazendo uma trança normal. Prenda com um elástico quando chegar ao fim.
8 Enrole a trança em torno do coque e esconda a ponta em baixo dele, para que não fique visível.
9 Se achar que o coque está um pouco solto, prenda-o com grampos.

TRANÇA *lateral radical*

Esse penteado proporciona um efeito bastante ousado, perfeito para festas. Outro diferencial dessa trança é que dá a ilusão de que o cabelo foi cortado rente na lateral.

NÍVEL · **FÁCIL**
MATERIAL · **1 ELÁSTICO PEQUENO E 1 PENTE**
TEMPO · **5-7 MINUTOS**

1

2

3

4

5

6

Passo a passo

1 Faça uma longa risca na lateral direita, passando os fios para o lado esquerdo.
2 Pegue um pouco de cabelo acima da orelha direita e divida-o em três mechas.
3 Comece uma Trança holandesa ou francesa (pp. 19 e 23).
4 Pare de incorporar cabelo quando tiver trançado um pouco além da orelha. Em seguida, trance normalmente e prenda com um elástico na ponta.
5 Prenda a trança na cabeça com um par de grampos.
6 Cubra o acabamento com um pouco de cabelo, a partir da risca.

DICA

Se quiser incrementar o visual, faça cachos antes de começar a trançar e deixe o look ainda mais caprichado.

TRANÇA *camponesa torcida*

Esse penteado é encantador e perfeito para ocasiões festivas. É bastante popular entre as atrizes famosas e frequentemente visto nas estreias de cinema. O mais importante ao fazer essa trança é deixá-la um pouco frouxa e desalinhada – fica linda com alguns fios soltos na frente. Além disso, é ideal para quem ainda não tem muita experiência.

NÍVEL · **FÁCIL**
MATERIAL · **2 PEQUENOS ELÁSTICOS E GRAMPOS**
TEMPO · **10 MINUTOS**

1

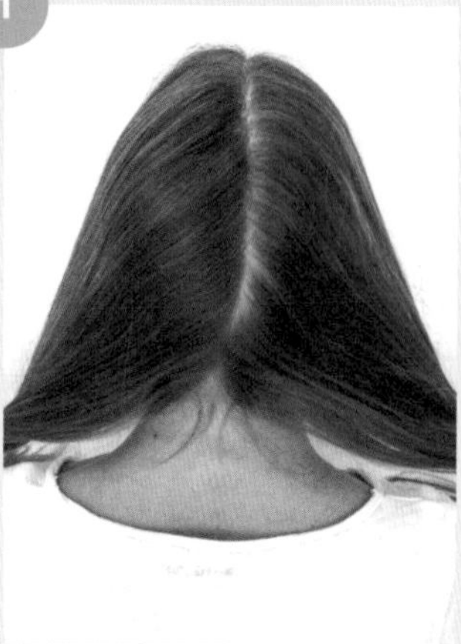

2

3

4

5

6

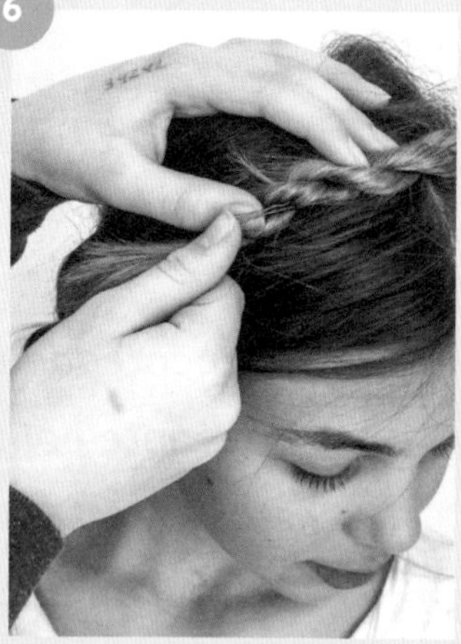

7

8

9

Passo a passo

1. Divida o cabelo ao meio, fazendo uma risca até a nuca. Prenda um dos lados com elástico enquanto trabalha o outro.
2. Pegue o lado que está solto e faça uma Corda torcida (p. 31). É importante que você não inicie pela parte de trás da cabeça, mas pelo lado. Nós gostamos de começar logo atrás da orelha, como mostra a foto.
3. Trance o quanto for possível e finalize com um elástico pequeno.
4. Repita os passos 2 e 3 do outro lado.
5. Leve uma das tranças ao outro lado da cabeça deixando-a a alguns centímetros de distância da testa.
6. Fixe-a na cabeça usando alguns grampos.
7. Lembre-se de também prender com grampos perto da orelha.
8. Faça o mesmo com a outra trança, só que nesse caso você precisará prendê-la atrás da outra, usando grampos onde mais achar necessário para fixar o penteado.
9. Por fim, solte algumas mechas finas de cabelo perto da testa e nas laterais do rosto.

TRANÇA
lateral dupla

Esse penteado é perfeito se você deseja um look descolado para usar em uma festa. Ao mesmo tempo, também é apropriado para outras ocasiões se você quiser um rabo de cavalo mais estiloso.

Há quem não goste muito de inovações, mas nós achamos que essa trança dá um charme ao visual.

NÍVEL · **MÉDIO**
MATERIAL · **1 ELÁSTICO GRANDE, 1 PENTE E 2 GRAMPOS**
TEMPO · **10-12 MINUTOS**

1

2

3

4

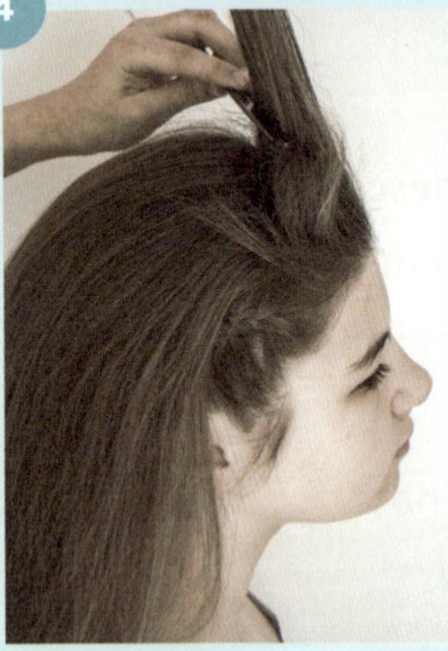

5

6

7

8

9

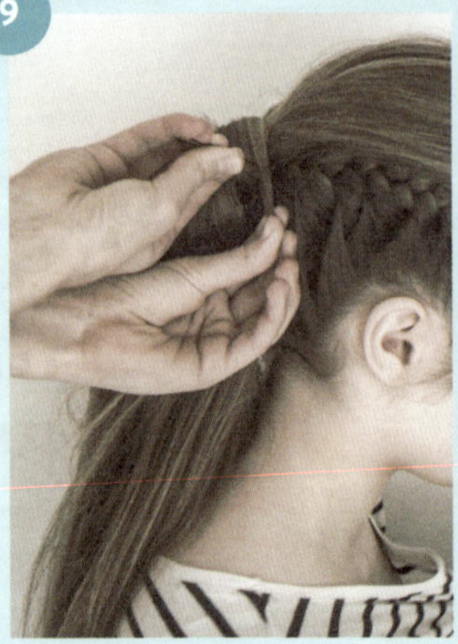

Passo a passo

1 Inicie com uma risca retangular na parte superior da cabeça. Ela deve começar no alto da testa e terminar atrás da cabeça, como mostra a foto. Prenda o cabelo que separou com um elástico enquanto trabalha o restante.
2 Faça uma Trança francesa (p. 19) partindo do rosto até chegar quase ao centro da parte de trás da cabeça. Prenda por enquanto com um elástico.
3 Faça a mesma coisa do outro lado da cabeça.
4 Remova o elástico da parte superior da cabeça e, em seguida, separe uma pequena mecha perto da testa. Desfie o cabelo, penteando na direção da raiz, como mostra a foto.
5 Solte a mecha desfiada para a frente. Separe outra mecha atrás da parte que você despenteou e repita o procedimento. Continue até que você tenha desfiado todo o cabelo que estava solto.
6 Junte todas as mechas caídas sobre a testa e traga-as para trás, penteando-as delicadamente para dar um lindo acabamento, mas deixando um pouco de volume.
7 Junte o cabelo solto com as duas tranças em um rabo de cavalo alto. Remova os elásticos que prendem as tranças.
8 Arremate o rabo de cavalo envolvendo o elástico com uma pequena mecha de cabelo.
9 Prenda a mecha do acabamento com grampos, escondendo-os bem.

DICA

Se for usar esse penteado em uma festa, finalize com uma camada de spray fixador.

COQUE *trançado*

Com certeza você receberá muitos elogios ao usar esse coque. Parece complicado demais, mas não é. A parte mais difícil é organizar as tranças para que fiquem bonitas e desalinhadas ao mesmo tempo. Esse penteado é perfeito para ocasiões especiais, como casamentos ou formaturas.

NÍVEL · **DIFÍCIL**
MATERIAL · **2 ELÁSTICOS PEQUENOS E GRAMPOS**
TEMPO · **10-15 MINUTOS**

1

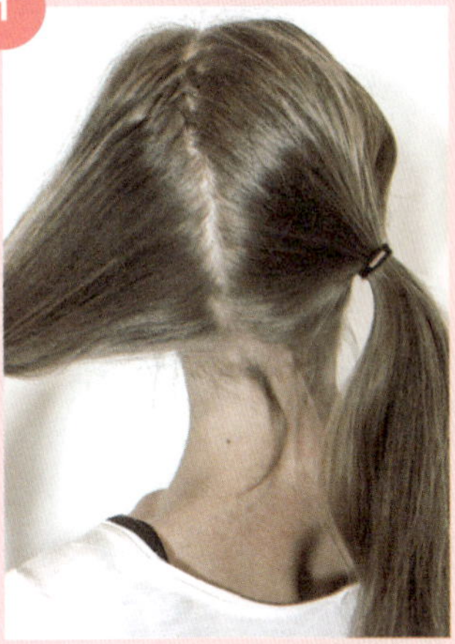

2

3

4

5

6

7

8

9

Passo a passo

1 Divida o cabelo em duas partes iguais. Prenda uma delas com elástico.
2 Pegue uma mecha no alto, próxima ao rosto, e divida-a em três partes.
3 Comece a Trança francesa (p. 19) até chegar à orelha. Em seguida, mude para a Trança rendada (p. 35), incorporando só o cabelo de baixo.
4 Quando chegar ao ponto mostrado na foto, passe a fazer uma trança normal e prenda no final com um elástico.
5 Faça o mesmo do outro lado da cabeça no cabelo que estava preso com elástico.
6 Pegue o cabelo que não está trançado e torça-o de modo a formar um coque. Prenda-o com grampos.
7 Pegue uma das tranças e enrole-a em volta do coque. Prenda-a com grampos.
8 Faça o mesmo com a outra trança.
9 Para terminar, fixe o penteado com grampos. Para ocultar a ponta das tranças, enfie-as por baixo do coque.

DICA
Para assegurar que o penteado dure toda a noite, finalize com fixador.

TRANÇAS ENFEITADAS

Flores e fitas oferecem muitas possibilidades para combinar o penteado com a estação e as roupas.

Faça uma Trança holandesa (p. 23) e adicione flores diferentes do jeito que preferir.

Faça uma Trança cascata (p. 43) que comece na altura da testa e termine na lateral da cabeça. Faça uma Trança rendada (p. 35) a partir da altura da testa que também termine na lateral da cabeça – as mechas que você incorporar a ela devem ser as que ficaram soltas na Trança cascata. Por último, reúna todo o cabelo solto e torça-o, formando um coque.

VARIAÇÕES INCRÍVEIS

Aqui mostramos nossas criações mais inusitadas.

Apesar de esses penteados parecerem muito difíceis de fazer, temos tutoriais que mostram o passo a passo. Se você quiser aprender ainda mais variações, confira no nosso canal no YouTube. Os vídeos estão em inglês, mas são autoexplicativos e de fácil compreensão. ▲

Links de tutoriais

Para assistir aos vídeos, posicione o leitor de seu celular sobre o QR Code. Caso não disponha desse recurso, confira os endereços a seguir:

p. 21: <www.youtube.com/watch?v=WobZ_EtECoc&app=desktop>
p. 25: <www.youtube.com/watch?v=hAWZyitE_6A>
p. 29: <www.youtube.com/watch?v=oe_UwFnrYok>
p. 33: <www.youtube.com/watch?v=CypSoVLiyIg&app=desktop>
p. 37: <www.youtube.com/watch?v=R9jKlQJOCUQ&app=desktop>
p. 108: <www.youtube.com/user/HairNailsInspiration>

Os vídeos estão em inglês, mas são fáceis de compreender, pois mostram todo o passo a passo.